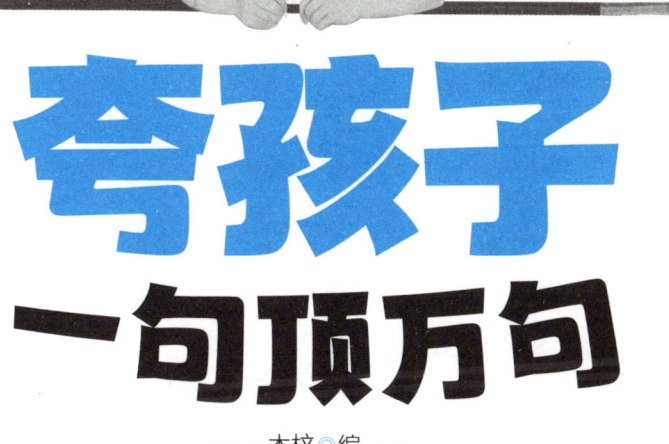

夸孩子
一句顶万句

—— 木梓 ◎ 编 ——

北方妇女儿童出版社
·长春·

版权所有　侵权必究

图书在版编目（CIP）数据

夸孩子一句顶万句 / 木梓编. -- 长春：北方妇女儿童出版社，2025.4. -- ISBN 978-7-5585-9325-3

I. G782

中国国家版本馆 CIP 数据核字第 2025600CD0 号

夸孩子一句顶万句

KUA HAIZI YI JU DING WAN JU

出 版 人	师晓晖
责任编辑	徐　巍
装帧设计	天下书装
开　　本	880mm×1230mm　1/32
印　　张	3
字　　数	60 千字
版　　次	2025 年 4 月第 1 版
印　　次	2025 年 4 月第 1 次印刷
印　　刷	三河市南阳印刷有限公司
出　　版	北方妇女儿童出版社
发　　行	北方妇女儿童出版社
地　　址	长春市福祉大路 5788 号
电　　话	总编办：0431-81629600

定　价　29.80 元

前 言

亲爱的家长朋友们,您是否曾经感到困惑,不知道如何鼓励孩子?您是否渴望找到一种更积极、更有效的方法来让孩子变得更优秀?

每个孩子都是独一无二的天使,他们渴望被看见、被认可、被赞美。一句真诚的夸奖胜过千言万语的说教,它不仅有助于孩子树立自信心,还能激发他们对学习的热情和潜在的能力,让他们深切地感受到来自父母的关爱和支持。然而许多家长却因为找不到恰当的言辞,或者担心过度夸奖会让孩子变得骄傲自满,从而错过了许多鼓励孩子的机会。

为了帮助您更好地赞美和激励孩子,本书精心挑选夸奖孩子的话语,并结合各种具体生活场景进行举例说明。这些话语涵盖了学习、行为、品德、家风、心态、社交六大方面，将为您提供丰富多样的表达方式。通过这些具体而生动的话语，您可以更精准、更生动地表达对孩子的夸奖与赞美，帮助他们茁壮成长。

　　我们衷心希望这些充满智慧和情感的夸奖话语能够成为您与孩子之间的沟通桥梁，让您更好地了解孩子、欣赏孩子、鼓励孩子，陪伴他们健康、快乐地成长，为孩子创造一个充满爱与支持的家庭环境。

目 录

第一篇
成长小标兵：好习惯是夸出来的

向优秀的人看齐：夸孩子虚心好学	2
学会换位思考：夸孩子善解人意，有同理心	5
踊跃举手发言：夸孩子勇敢积极，表现出色	8
收纳能手：夸孩子干净整洁，生活井井有条	11
协作能力超强：夸孩子富有团队精神	14
专家示范	18

第二篇
善良有品行：好品德是夸出来的

做助人的小卫士：夸孩子乐于助人，懂奉献	32
面对困境坚强无畏：夸孩子勇敢坚强，不哭鼻子	35
做自信阳光的典范：夸孩子乐观自信，不怯场	38
做掌控情绪的智者：夸孩子内心平和，不乱发火	41
充满爱心的小天使：夸孩子爱护动物，真善良	44
专家示范	48

第三篇
积极不怕难：好心态是夸出来的

乐观面对变化：夸孩子适应力强　　　　　　　　64

懂得坚持：夸孩子锲而不舍，有耐性　　　　　　67

热情有活力：夸孩子热爱生活，活力满满　　　　70

失败不可怕：夸孩子坚忍，不气馁　　　　　　　73

心中有理想：夸孩子有目标，心怀大志　　　　　76

专家示范　　　　　　　　　　　　　　　　　　80

第一篇

成长小标兵：
好习惯是夸出来的

多夸奖孩子，特别是在他们展现出良好的行为习惯时，有效的夸奖能促进这些习惯的形成与巩固。每当孩子遵守公共秩序、早睡早起或学会换位思考时，家长就应该及时给予肯定与夸奖。这样的正面反馈会让孩子明白，好习惯是值得骄傲和坚持的。在夸奖的激励下，孩子会更加自觉地践行好习惯，逐渐将其内化为自身的行为准则，成为名副其实的"成长小标兵"。

向优秀的人看齐：夸孩子虚心好学

画面回放

轩轩，你可以试试班长的学习方法，他的成绩那么好，肯定有值得学习的地方。

我才不要学他，他的方法根本就不适合我！

成长迷津

如果孩子不愿意虚心学习，不向优秀的人看齐，不愿意借鉴别人的方法，可能有以下几个原因。

1. 过于自信。孩子可能对自己的能力太过自信，觉得自己已经做得够好了，没必要再向别人学习。比如孩子在某个学科上取得了一点儿小成就，就变得骄傲起来，觉得自己比别人厉害。

2. 害怕比较。有些孩子担心向优秀的人学习会让自己显得逊色，或者在竞争中处于下风，他们认为保持现状更舒服,不敢面对挑战。

3. 没感受到学习的益处。孩子可能还没有真正体会到向别人学习的好处,比如能提高自己的成绩和解决问题的能力等。他们可能觉得学习别人的方法很麻烦,还不如自己慢慢摸索。

育儿智典

如果孩子出现了不愿意虚心向别人学习的情况,父母可以尝试通过以下几个方法来引导他们。

1. 引导思考。和孩子进行深入交流,启发他们向优秀的人学习。比如问孩子:"宝贝,你觉得那些在某个方面特别厉害的人,是如何变得这么优秀的呢?如果我们能从他们身上学到点儿东西,是不是也能变得更优秀呢?"让孩子自己去领悟学习的意义。

2. 分享榜样的经历。给孩子讲一些名人通过虚心学习,最终取得成功的故事。比如可以讲讲孔子向老子求学的故事,或者牛顿如何站在巨人的肩膀上前进的故事,同时告诉孩子:"你看,这些伟大的人都懂得向别人学习,我们也可以像他们一样啊。"

3. 鼓励孩子尝试新方法。当孩子表现出不愿意向他人学习的情绪时,家长不要强迫他们,可以鼓励他们借鉴别人的方法。家长可以说:"没关系,你可以先试试别人的方法,看看效果如何。如果不行,我们再找其他

办法。"让孩子在尝试中慢慢体会学习的乐趣。

4. 及时表扬孩子的进步。当孩子开始尝试向优秀的人学习,并取得了一些进步时,家长要及时表扬和鼓励他们,让孩子感受到自己的努力被认可,从而更愿意向他人学习。

夸宝慧语

夸奖孩子虚心学习时,父母应该注意以下几点。

1. 夸奖要真诚且具体。夸奖时要真心实意,不能只是随便说说。家长要具体指出孩子在虚心学习方面的好行为和进步,让孩子明白自己哪里做得好。别说"你真厉害",可以说"你主动找小明请教数学题,这种虚心的态度会使你进步得更快"。

2. 重视学习过程。父母不仅要关注孩子虚心学习的成果,还要关注过程。家长可以夸奖孩子在学习中的努力、克服的困难等,比如:"你在向别人学习时,不但认真记笔记,还动脑筋想如何运用这些方法,真的很棒。"

3. 夸奖中带有期望。在夸奖的同时,可以给孩子一些期望,让他们知道自己还有提升的空间。比如:"希望你能继续保持,向更多优秀的人学习,变得更优秀。"

4. 避免与其他孩子比较。夸奖孩子时不要拿其他孩子来作比较,免得让孩子反感或有压力。比如别说"你比某某同学虚心多了",可以说"你在虚心学习方面进步很大,妈妈很高兴"。

学会换位思考：
夸孩子善解人意，有同理心

画面回放

妈妈，我的同学不借给我漫画书，我讨厌他！

轩轩，你的朋友也很想看那本漫画书哇。如果你是他，你会怎么想呢？

成长迷津

有很多原因会让孩子缺少同理心。

1. 过于关注自己。孩子在成长的过程中，特别是在小时候，往往会以自己为中心，只关心自己的需求和感受，不能理解别人的想法和情绪。比如孩子可能只想玩自己喜欢的玩具，而不考虑其他小朋友的想法。

2. 不会表达情感。孩子可能不太了解不同的情感状态，也不明白别人的表情、言语和做事背后的情感含义。比如孩子可能不明白为什么有人会哭、会生气，因此很难对别人产

生同理心。

3. 社交经验不足。如果孩子很少有机会与别人交往,就很难学会理解别人、关心别人。比如孩子整天都在家里玩电子游戏,很少和同龄的孩子一起玩,就可能变得比较冷漠。

育儿智典

如果孩子不懂得体谅别人、缺少同理心,父母可以从以下这些方面来教育和引导。

1. 引导孩子想想别人的感受。当孩子做出不考虑别人的行为时,比如抢了别人的玩具,父母可以引导他们这样思考:"如果别人抢了你的玩具,你会怎么样呢?"让孩子试着从别人的角度去思考,这样他们就能认识到自己做得不对。

2. 教孩子认识各种情感。父母可以帮助孩子了解和理解不同的情感,比如通过读故事书、看动画片或者讲故事的方式,告诉孩子人们为什么会有各种情绪,这些情绪都代表着什么含义。

3. 带孩子多体验生活。父母可以带孩子多接触不同的人和事情,让他们看见和体验更多样化的生活。比如带孩子去做志愿者、去贫困地区帮助有困难的人,或者去拜访老人,这样孩子就能更好地理解别人的困难和需要,从而学会关心和帮助别人。

4. 鼓励孩子多交朋友。父母可以鼓励孩子多和小朋友一起玩,让孩子在与别人的交往中学会体谅和理解别人。比如让孩子参加集体活动、邀请小朋友来家里做客,或者加入兴趣小组等,这样孩子就能在团队活动中学会合作和互相支持。

夸宝慧语

当孩子懂得换位思考、表现出同理心时,父母可以这样夸奖孩子。

1. 具体指出好行为。父母要告诉孩子,他们的哪些行为做得对,比如"宝贝,你看到小朋友摔倒了就去帮忙,还问他疼不疼,这样真的很棒,这就是懂得关心别人的表现",或者"你把自己的玩具给妹妹玩,因为她的玩具坏了,你真的很会体谅别人"。

2. 赞扬内在的好品质。父母要夸孩子善良、体贴,让他们知道这些品质很重要。比如"你这么会替别人着想,说明你有一颗善良的心,这真的很珍贵",或者"你有同理心,真是个有爱心的孩子,大家都会喜欢你"。

3. 给予正面的肯定。父母要告诉孩子他们的行为让别人感到开心,也让父母感到骄傲。比如"你安慰了那个小朋友,他现在不哭了,你的善良让这个世界变得更美好,妈妈也为你感到高兴",或者"看到你这么体贴别人,妈妈很欣慰,因为你会成为一个懂得关心他人、受人尊重的人"。

踊跃举手发言：
夸孩子勇敢积极，表现出色

画面回放

有哪位同学愿意来分享一下自己的想法呢？

我……我好想举手，但是又怕说错了被同学笑话。

成长迷津

很多孩子在课堂上不敢举手回答问题，怕答错丢面子，可能有以下这些原因。

1. 不够自信。孩子可能觉得自己对知识掌握得不够充分，怕答错了会被老师批评或者被同学笑话。比如某个知识点没学透，孩子就会觉得自己可能答不上来，所以不敢举手。

2. 太在意别人的想法。有些孩子特别在乎别人对自己的评价,怕答错了会让老师和同学觉得自己不行。他们可能会觉得答错一次就是对自己能力的否定。

3. 性格内向胆小。内向的孩子不擅长在大家面前说话,就算知道答案,他们也会因为紧张而不敢举手。

对于不敢在课堂上举手的孩子,父母可以这样教育和引导。

1. 鼓励孩子参加小组活动或兴趣班,让他们在合作和交流中变得更开朗、更自信。"你去参加绘画小组吧,和其他小朋友一起画画儿、聊天儿,肯定很有趣。"

2. 改变孩子的错误想法。和孩子聊聊别人评价的意义,让他们知道别人的看法并不能定义自己。"宝贝,别人的评价只是他们的看法,并不能代表你。即使你答错了,也不代表你不优秀。"

3. 引导孩子多关注自己的成长,不在意别人的眼光。家长可以与孩子一起回顾孩子的进步:"你看,你现在比以前勇敢多了,这就是你的成长。别总在意别人怎么看。"

4. 鼓励孩子多说话。对于内向的孩子,家长要更有耐心,鼓励他们多说话。比如在家庭讨论时,认真听孩子的想法。"宝贝,你说说你的想法吧,我们很想听。"

> 5. 创造轻松的环境。家长可以和孩子一起模拟课堂，让孩子在轻松的氛围里练习举手发言。"我们来玩上课的游戏吧，妈妈当老师，你当学生。这个问题你来答。"

夸宝慧语

当孩子在学习上养成主动举手、大胆表达的好习惯后，父母在夸奖时要注意以下几点。

1. 不要过度比较。别对孩子说"你比某某同学举手更积极"这样的话，因为过度比较会让孩子变得过于关注竞争，或者会让对被比较的同学产生不好的情绪。家长要引导孩子关注自己的成长，而不是和别人比。

2. 不要过度奖励。虽然适当的奖励可以激励孩子，但过度奖励会让孩子觉得积极发言就是为了得到奖励，而不是因为真正喜欢和感兴趣。例如不要为了奖励孩子发言而送给他们贵重的礼物，这样可能会让孩子的学习目的变得不纯粹。

3. 别忘了后续引导。夸奖之后，还要给孩子进一步的指导和鼓励，帮助他们继续进步。比如在夸完孩子发言积极后，可以告诉他们"下次你可以试试从别的角度思考问题，这样你的发言会更棒"，让孩子知道他们还有提升的空间。

收纳能手：夸孩子干净整洁，生活井井有条

画面回放

轩轩，你看你的房间，玩具、书本、衣服到处都是。

我的蓝色铅笔呢？刚才还在这儿的！

成长迷津

有的孩子在日常生活中不能保持整洁，不懂得管理自己的物品，可能是如下原因导致的。

1. 认识不足。孩子可能还没意识到保持整洁和整理物品的重要性，觉得东西随便放也没关系，或者不明白整理的好处，比如整洁的房间会给自己带来好心情和良好的学习效果。

2. 未形成习惯。如果孩子从小就没有养成整理物品的好习惯，长大后就不会自觉去做。比如家长总是帮孩子收拾，孩子就没有机会学习整理。

3. 动力不足。孩子没有足够的动力去整理物品，他们觉得整理物品很无聊、麻烦，或者看不到整理后的好处。

育儿智典

家长要帮孩子养成收纳整理的好习惯，可以试试以下几个方法。

1. 让孩子认识到整洁的重要性。家长应告诉他们，如果房间乱七八糟，找东西就会很困难，看起来不美观，心情也会变差。

2. 做孩子的榜样。家长要保持家里的整洁，并在整理时对孩子进行引导和教育。比如在整理衣柜时，可以告诉孩子如何分类整理衣物，并邀请他们试试整理自己的玩具。

3. 教孩子整理的方法。家长可以准备一些颜色不同的收纳盒，教孩子把不同的物品放在不同的盒子里，比如把玩具放在红色盒子里，把书籍放在蓝色盒子里。让孩子知道每个物品都有自己的"家"，用完后要放回原处。

4. 激发孩子的整理动力。设立奖励机制，当孩子整理好自己的物品时，可以给他们一些小奖励，比如贴纸或小星星，积累到一定数量就可以兑换他们喜欢的礼物。

5. 培养孩子的耐心和毅力。整理物品需要一定的时间和耐心，孩子可能会觉得累或厌烦，家长要鼓励他们坚持下去。家长可以定期和孩子一起整理房间，让整理成为一种习惯，而不是一次性的任务。比如每周六都一起整理房间，保持家里的整洁。

夸宝慧语

当孩子学会收纳整理，生活变得有序且干净后，父母可以这样表扬他们。

1. 看重过程。父母不仅要表扬结果，也要看到孩子在整理过程中付出的努力。比如"我看到你非常认真地摆放每一本书，还细心地擦了桌子，你的努力让房间变得这么整洁"。如果孩子遇到了困难，比如不知道如何整理小物件，家长可以鼓励他们动脑筋想办法："你真聪明，想到用小盒子来装这些小东西，遇到问题还能自己解决，真是太棒了。"

2. 激励孩子不断进步。在表扬的同时，家长也可以给孩子提出更高的要求和期望，鼓励他们不断进步。比如"你现在整理房间已经很棒了，下次能不能挑战一下更快更好地整理呢"，也可以鼓励孩子把整理的习惯应用到其他方面，比如"你把房间整理得这么好，能不能也把书包整理一下呢？这样找东西就更方便了"。

协作能力超强：夸孩子富有团队精神

画面回放

成长迷津

孩子在社交场合里不擅长团队合作、缺少团队精神，可能有以下几个原因。

1. 以自我为中心。在成长的过程中，孩子可能只想着自己，只关心自己的需求和利益，而不顾及团队里其他小伙伴的感受和需要。比如在玩游戏时，孩子只想着自己要赢，不管团队的整体目标。

2. 缺少合作的机会。如果孩子没有机会参与团队活动，就很难明白团队合作的重要性，也不知道该怎么合作。比如孩子总是自己一个人玩或学习,很少有机会和别人一起完成任务。

3. 家庭环境的影响。如果家庭里没有合作的氛围,也可能影响孩子的团队精神。比如家里的事情都是父母自己处理,不让孩子参与,或者没有给孩子树立合作的好榜样。

如果孩子在与人相处时不懂得合作、缺少团队精神,父母可以从以下这些方面来教育和引导。

1. 让孩子明白团队合作的重要性。父母可以给孩子讲讲团队合作带来成功的故事,比如《西游记》里师徒四人一起克服困难取到真经,告诉他们每个人都有自己的长处和短处,但一起合作就能战胜很多困难。"宝贝,你看孙悟空很厉害,但有时也需要猪八戒、沙僧和唐僧一起帮忙,他们一起才能完成取经的任务,这就是合作的力量。"

2. 多给孩子创造团队合作的机会。父母可以鼓励孩子多参加团体活动,比如足球、篮球等运动,合唱、舞蹈等艺术活动,或者科学实验小组等。在这些活动中,孩子会慢慢学会和别人一起做事。"宝贝,去足球队玩玩吧,和小伙伴们一起努力赢得比赛,你会感受到合作的快乐。"

3. 在家里设置合作任务。在家里,父母也可以安排一些需要合作的任务,让孩子参与进来,比如一起打

> 扫房间、准备晚饭等。在做事的过程中,教孩子怎么分工合作,让他们体会合作的好处。"我们今天一起打扫客厅,你负责整理玩具,爸爸负责拖地,妈妈负责擦桌子,大家齐心协力,客厅很快就变得干净啦。"

夸宝慧语

当孩子在社交中展现出团队合作和协作精神时,父母可以这样表扬和鼓励他们。

1. 用生动的比喻来夸奖。"宝贝,你和小伙伴合作时就像一颗亮闪闪的星星,让整个团队都亮了起来。你们一起完成任务的样子真的太棒了!"或者说:"你在团队里就像一块重要的拼图,和大家一起组成了一幅美丽的画卷。"

2. 用故事或名言来强调合作的重要性。"宝贝,你知道吗?只有大家齐心协力合作,事情才能做好。你和你的小伙伴们就像那句'众人拾柴火焰高'所说的那样,真的太棒了!"或者可以说:"还记得我们看过的《蚂蚁搬豆》的故事吗?你们就像那些小蚂蚁一样,团结起来力量大无边。"

3. 借他人之口来夸奖孩子。"宝贝,你的小伙伴们说和你一起合作特别开心,因为你总能想出好办法,还很会关心大家。他们都很喜欢和你合作呢!"或者可以说:"老师跟妈妈说了,你在小组活动中合作得很好,给其他同学树立了好榜样。"

第一篇 成长小标兵：好习惯是夸出来的

错误示例

1. 你今天自己收拾了房间，做得真不错，不过我希望你不是为了得到表扬才这样做的。

点评：在夸奖孩子的好习惯时，家长会质疑其动机，让孩子觉得自己的好行为没有得到认可，这样会让孩子觉得只有在被监视或期待表扬时才需要维持好习惯，不利于孩子内在责任感的形成。

2. 你每天都坚持阅读，这真是个好习惯，不过要是能把阅读时间再延长一点儿就更好了。

点评：在夸奖孩子习惯的同时提出更高的要求，虽然本意是鼓励孩子做得更好，但也可能让孩子感到现有的努力还不够，从而产生挫败感，甚至可能让孩子觉得无论自己做得多好，总有改进的空间，从而降低了成就感。

3. 你每天都能按时完成作业，真是自律的好孩子，不过我希望你能时刻保持这种自律，不要只是在学校表现得好。

点评：夸奖孩子的自律习惯，却又担心其在家中的表现，这种担忧的传达会让孩子觉得自己的好习惯只局限于特定环境，而不是一种全面的品质，从而降低了孩子将好习惯延伸至其他生活领域的动力。

一、向优秀的人看齐：夸孩子虚心好学

1. 看到你主动向同桌请教问题，妈妈真为你感到骄傲！

2. 你认真听同学分享经验的样子，就像个小海绵，吸收着知识的养分！

3. 你总是对新鲜事物充满好奇，这份求知欲真让人佩服！

4. 即使你已经做得很棒了，你依然愿意向更优秀的人学习，这份谦虚真难得！

5. 你善于发现别人的优点，并努力向他们学习，这种态度真棒！

6. 你愿意接受别人的建议，并努力改进自己，这种精神真可贵！

7. 你善于观察，总能从别人身上学到东西，妈妈为你点赞！

8. 你从不害怕向别人请教，这份勇气和求知欲真让人佩服！

9. 你总是认真倾听别人的意见，并思考自己如何改进，这种态度真棒！

10. 你从不满足于现状，总是不断挑战自己，追求进步，这种精神真可贵!

11. 你善于向书本学习,向生活学习,向身边的人学习,这种学习方式真全面!

12. 你总是充满好奇心地探索世界,这份求知欲真让人佩服!

13. 你从不害怕犯错,并勇于改正错误,这种学习态度真棒!

14. 你总是认真完成老师布置的作业,并积极思考,这种学习态度真让人佩服!

15. 你善于利用各种资源学习,这种学习方式真高效!

16. 你总是充满热情地参加各种学习活动,这份求知欲真让人感动!

17. 你从不轻言放弃,并坚持不懈地追求自己的目标,这种精神真可贵!

18. 你善于向优秀的人学习,并努力超越他们,这种学习态度真积极!

19. 你总是认真对待每一次学习机会,这种学习态度真让人佩服!

20. 你善于总结学习经验,并不断改进自己的学习方法,你的学习能力真强!

21. 你总是乐于接受新的挑战,并努力克服困难,这种精神真棒!

22. 你总是充满热情地学习新技能,这份求知欲真让人羡慕!

23. 你从不害怕面对困难,并勇于克服困难,这种学习态度真积极!

24. 你善于向身边的人学习,并努力提升自己,这种学习方式真有效!

25. 你总是认真对待每一次考试,并努力取得好成绩,这种学习态度真让人佩服!

26. 你总是充满热情地阅读各种书籍,这份求知欲真让人感动!

27. 你从不满足于课本知识,并积极拓展自己的知识面,这种学习态度真棒!

28. 你善于向老师请教问题,并认真听取老师的建议,这种学习态度真谦虚!

29. 你总是认真完成每一项学习任务,这种学习态度真让人佩服!

30. 你善于将所学知识运用到实际生活中,这种学习方式真灵活!

31. 你总是充满热情地学习新知识,这份求知欲真让人羡慕!

32. 你从不害怕面对挑战,并勇于接受挑战,这种学习态度真积极!

33. 你总是认真对待每一次学习机会，这种学习态度真让人感动！

二、学会换位思考：夸孩子善解人意，有同理心

1. 你注意到同桌今天没带铅笔，悄悄递过去自己的铅笔，你像小太阳一样温暖！

2. 看到你蹲下来安慰哭泣的小朋友，妈妈知道你的心里住着一位小天使！

3. 刚才你帮弟弟擦眼泪的样子，让我想起你最喜欢的超级英雄呢！

4. 给流浪猫喂食时，你的眼睛亮晶晶的，像星空里最温柔的那颗星星。

5. 看到新同学紧张时，你第一个拉起他的手，就像春风融化了冰雪。

6. 昨天你主动把秋千让给小妹妹，她笑起来的酒窝里都是你的善意呀！

7. 爸爸加班回家时，你踮脚端来的温水比任何礼物都珍贵。

8. 爷爷讲故事时，你托着腮认真听，他的皱纹里都藏着笑意呢！

9. 你会轻轻提醒小伙伴"你鞋带松啦"，这种细心像春天的雨滴一样细腻。

10. 妈妈咳嗽时,你默默关窗的背影让整个房间都暖融融的。

11. "小鸟摔下来会不会疼?" 你的问题里住着最纯净的温柔。

12. 你给布偶熊"包扎伤口"的样子,让我看见未来白衣天使的模样!

13. 当你把最后一块饼干分享给同学时,你用行动证明:甜蜜会因为分享变成双倍!

14. 猜猜刚才老师为什么偷偷对我竖大拇指?因为你悄悄扶起了摔倒的同学!

15. 孩子,你知道吗?你安慰朋友时眼睛会发光,像夜空中最亮的北极星!

16. 还记得你给迷路阿姨指路的样子吗?那一刻你是指引方向的小灯塔!

17. 听到你说"小狗淋雨会感冒",我就知道我们家有位爱心小卫士!

18. 你帮妈妈捶背的小拳头比按摩器还有魔力!

19. 给迷路蚂蚁搭的树叶桥是你建造的"爱心高架"呢!

20. 你在下雨天与同学共同打伞的背影,像雨中开出的美丽花朵!

21. 你悄悄给加班晚归的爸爸留的夜灯比月光更暖人心。

22. 还记得你以前怕黑吗?现在你都会安慰做噩梦的妹

第一篇 成长小标兵：好习惯是夸出来的

妹了，真是暖心大哥哥！

23. 从自己哭鼻子到会帮别人擦眼泪，你在悄悄长大呢！

24. 去年的你还会抢小朋友的玩具，今天的你却会主动分享，你像蜕变的蝴蝶一样美！

25. 你照顾生病的仓鼠时的细心专心，让我仿佛看见了未来的诺贝尔医学奖得主！

26. 你给迷路老爷爷画地图的样子，像极了探险故事里的智慧向导！

27. 同学被欺负时你挺身而出的身影，比超人披风更耀眼！

28. 你安慰人时的拥抱，像考拉妈妈保护宝宝一样温暖！

29. 你是怎么想到用画册安慰住院的小伙伴的？这个主意像钻石一样闪亮！

30. 细心的你发现姥姥在偷偷揉腰，立马搬来小凳子，你的观察力打败了99%的侦探哦！

31. 你给心情不好的同学亲手折的千纸鹤里是不是藏了会唱歌的魔法？

32. 你安慰人时总能用对"情绪创可贴"，简直可以开个"爱心药店"啦！

33. 看到你主动安慰哭泣的小朋友，妈妈真为你骄傲！

34. 你总是能察觉到别人的情绪变化，这份细心真让人感动！

35. 你愿意站在别人的角度思考问题,这份同理心真难得!

36. 你总是乐于帮助有需要的人,这份善良让人感到温暖!

37. 你善于倾听别人的烦恼,并给予安慰,这份体贴真让人感动!

38. 你安慰朋友时说的那句"我懂",比任何大道理都有力量!

三、踊跃举手发言:夸孩子勇敢积极、表现出色

1. 你举手的样子像春天的小树苗,迎着阳光噌噌往上冒!

2. 你回答问题时的声音清脆得像晨露滴在青石板上!

3. 课堂上,你举起的手像小旗杆,把知识的风帆都撑满了!

4. 你的发言像跳跳糖,让整个教室都蹦出思维的火花!

5. 你每次举手都像萤火虫提着灯笼,在知识的夜空里发亮!

6. 课堂上,你的手举得像旗杆一样直,眼睛里闪着跃跃欲试的光!

7. 你踮着脚尖举手的样子,像只等待展翅的雏鹰!

8. 孩子,老师说你抢答时前倾的身体比向日葵追太阳还要积极!

9. 宝贝,你发言前深吸气的认真模样,就像钢琴家准备弹奏最动人的乐章!

10. 孩子,还记得吗,以前你总是蜷缩在角落,现在的你总是能勇敢地举手回答问题!

11. 去年的你在发言时还会脸红,今天的你已经是个自信的演讲家啦!

12. 从轻声细语到洪亮回答,你的勇气在声音里开花!

13. 三个月前的你举手发抖,现在的你像举着胜利的奖杯!

14. 宝贝,你这次抢答比上次快了0.3秒,进步速度要破纪录啦!

15. 你的举手频率可以申请"课堂最积极吉尼斯"了!

16. 老师说你每次举手都像发射"知识火箭",能够瞬间点亮课堂!

17. 猜猜老师为什么笑着点头?因为你的回答像珍珠落玉盘!

18. 孩子,你知道吗?你举手时后背挺得比小松树还直!

19. 孩子,你还记得上次在科学课上说的恐龙知识吗?老师说全班都为你鼓掌!

20. 在你回答老师的问题时,窗外的麻雀都不叫了,它们也在听你讲课呢!

21. 你发言时的声音像清泉叮咚,动听极了!

22. 宝贝，你举手时绷直的手指比竹子还要精神抖擞！

23. 你发言时脸蛋红扑扑的，像刚摘的水蜜桃般可爱！

24. 你站起来的瞬间，空气里都飘着自信的甜香！

25. 孩子，你回答问题时的节奏像鼓点敲在知识节拍上！

26. 课堂变成你的星光大道，每个回答都是精彩演出！

27. 你在举手发言时就像玩跳棋，你总是能第一个跳到终点！

28. 教室成了寻宝乐园，你的回答就是藏宝图！

29. 在知识接力赛里，你总是稳稳接住老师的传球！

30. 每个问题都是谜语，你眨眨眼就能揭开谜底！

31. 孩子，你刚才的发言逻辑严密，像小律师在做结案陈词！

32. 你解释科学原理的样子，像实验室走出来的小博士！

33. 你背诵古诗的腔调，让同学们瞬间穿越回唐朝的私塾啦！

34. 你分析数学题时的眼神，比计算机扫描还要精准！

35. 你的发言勇敢而坚定，让所有人感受到了你的自信。

36. 孩子，你发言时的神采像朝霞，染红了整个课堂的天空！

37. 孩子，你和老师的互动非常自然和流畅！

38. 你的答案非常严谨和全面，一看就做了充足的准备。

39. 你积极回答问题的样子，让老师看到了你对知识的渴望。

40. 你竟然能从三个维度思考这个问题，简直是空间小天才！

41. 你的答案充满了想象力，老师和同学都感受到了你的用心和努力。

42. 孩子，当你站在讲台上演讲时，整个人都在闪闪发光！

43. 看见你那么积极地回答问题，妈妈忍不住想要为你鼓掌！

44. 孩子，你在课堂上高高举起的小手为班级增添了一道亮丽的风景线。

45. 你的回答真精彩，你总是能抓住问题的关键。

四、收纳能手：夸孩子干净整洁，生活井井有条

1. 书包像被你施了整理咒，每支铅笔都在笔袋里认真站岗呢！

2. 宝贝，你把家里整理得井井有条，每件物品都有自己的位置，你真的很用心。

3. 你的玩具箱真整齐，你给玩具小汽车排的阵形比停车场管理员还专业！

4. 你的书桌就像一座魔法城堡，每个文具都是守规矩的居民！

5. 你的房间真整洁，让人心情愉悦，你真是个爱生活的孩子。

6. 孩子，你整理房间时的那份耐心让人十分敬佩。

7. 你的收纳本领比我还厉害，妈妈要向你求教了！

8. 宝贝，你用自己的双手为全家人创造了美好干净的空间。

9. 你整理错题本的逻辑比破译密码还缜密！

10. 热爱阅读的你不但每天坚持读书，还坚持在结束阅读后整理书架，这是个非常优秀的习惯。

11. 抽屉里的文具排列得像钢琴键盘般整齐！

12. 你可以凭借把被褥叠成豆腐块的本事开收纳特训营啦！

13. 经过你的细心整理，书架完成了华丽变身。

14. 连鞋架都被你整理得充满艺术感，热爱生活的你真让妈妈佩服！

15. 上次还找不见作业本，现在资料册像图书馆目录！

16. 从满地乱扔到主动归位，你的进步像火箭升空！

17. 三个月前玩具混战，现在每个玩偶都有专属的小床！

18. 以前你的书桌像台风过境，现在它整洁得能当镜子！

19. 你把书包里的课本和作业本按学科分类放好，这真是个好习惯！

20. 每次用完雨伞你都会把它卷得整整齐齐地放进收纳袋，伞面干爽得像刚买回来一样。

21. 你每天睡前都把第二天要穿的衣服放在床头,这样第二天清晨再也不会手忙脚乱。

22. 你每天都会主动承担起刷碗的任务,这让爸爸妈妈感到很欣慰。

23. 小小的空间被你充分利用,你真是空间管理大师!

24. 在你的带领下,妹妹也学会了整理书包,你真是妹妹的好榜样!

25. 不管睡得多晚,你都坚持在睡前整理书包,这份认真让你在第二天从容不迫。

26. 孩子,你整理书桌时就像蝴蝶在花间点水!

27. 你被同学们推举为班级的图书角管理员,因为你总是能把图书角整理得井井有条。

28. 你的房间干净又整洁,让人心情愉悦!

29. 宝贝,你的收纳本领真强,在你的努力下,家里的每个角落都整洁如新!

五、遵守公共秩序:夸孩子文明有礼,公德意识强

1. 你踮脚往垃圾桶投瓶子的弧线,比彩虹还美!

2. 你在博物馆安静观察展品的样子,就像小树苗吸收阳光般专注。

3. 你在排队时留出的半米间距,是写给陌生人的礼貌诗。

4. 在图书馆,你合上书页的轻柔让尘埃都放缓了降落

速度。

5. 你在路口仔细观察交通信号灯的认真样子让警察叔叔都忍不住为你点赞。

6. 在你扶起倒地的共享单车时,太阳伯伯都在为你鼓掌。

7. 你提醒爸爸不能在电梯里吸烟的语气就像春雨轻抚新叶。

8. 你在斑马线前等绿灯的站姿比杨树还要笔直坚定。

9. 不管多么着急,你总能按顺序排队。

10. 虽然生病了,你依然能为老奶奶让座。

11. 因为踩到香蕉皮而摔倒的你并没有因此生气埋怨,你默默地捡起香蕉皮,把它扔进了垃圾箱,你真是妈妈的骄傲。

12. 你提醒爸爸礼让救护车的勇气比警笛声更响亮!

13. 你帮迷路游客指路时的从容,活脱脱就像一个城市小向导。

第二篇

善良有品行：好品德是夸出来的

夸奖在孩子的成长过程中扮演着至关重要的角色。适时的夸奖能增强孩子的自信心，激发其内在的潜能。我们应多夸奖孩子的努力和进步，不仅局限于成绩，更要关注品质的培养。当孩子展现出诚实、平和等好品质时，家长要及时给予正面反馈，让他们明白这些品质的价值。通过受夸奖，孩子会更加积极地践行这些美德，逐渐形成稳定的人格特质。

做助人的小卫士：
夸孩子乐于助人，懂奉献

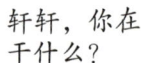

轩轩，你在干什么？

妈妈，我在帮生病的同学打扫卫生。

成长迷津

在成长的过程中，很多孩子不愿意主动帮助别人，甚至显得有些自私，这让家长十分头疼。孩子们之所以不愿意帮助他人，主要有这几个原因。

1. 家长没做好榜样。要是家长自己都不经常帮助别人，孩子就学不到这个好习惯了。

2. 家长过度宠爱孩子。有的家长太宠孩子了，孩子会习惯性地只想着自己，不考虑别人。他们会觉得别人照顾自己是应该的，不会主动帮助别人。

3. 教育的关系。有的家长和老师只关心孩子的学习成绩，不太重视教他们做人做事。这样一来，孩子就只想着提高分数，忘了还要学会帮助别人。

育儿智典

针对不懂得乐于助人的孩子，父母可以从以下这些方面着手培养。

1. 树立榜样。父母应成为孩子的"活教材"，通过自身的行为展现乐于助人的精神。家长可以积极参与社区志愿服务，或者在日常生活中主动帮助邻里。当孩子目睹家长乐于助人的行为时，他们会自然地模仿和学习。比如在公园看到有人需要帮助时，如果父母主动上前，孩子就会感受到那份助人的温暖和快乐。

2. 塑造正确的价值观。利用生动的故事和绘本，向孩子讲述助人为乐的道理，让他们在故事中感受帮助他人的美好和力量。

3. 培养同理心。鼓励孩子换位思考，理解他人的感受。通过日常生活中的小事，如分享玩具、轮流玩游戏等，培养孩子的同理心，让他们学会关心和体谅他人。

4. 合理引导与鼓励。当孩子未能主动帮助他人时，父母应避免过度批评，而是以理解和引导为主。家长可以询问孩子的想法和感受，帮助他们认识到自己的不足，并鼓励他们争取下次做得更好。

夸孩子一句顶万句

夸宝慧语

当孩子展现出乐于助人的美好品质时,父母可以这样夸奖他们,让表扬更加贴心和有效。

1. 夸具体的行为。父母要告诉孩子,他们具体做了哪件好事,让他们感受到被看见和被重视。比如:"宝贝,你今天扶起了摔倒的小朋友,还细心地帮他拍土,真是一个又贴心又有爱心的小朋友!"

2. 说影响、讲好处。父母要强调孩子助人行为带来的正面效果,让他们知道自己的行为多么有价值。比如:"你借铅笔给同学,让他能完成作业,他一定很感激你,这样的你真的很棒,因为你帮助别人渡过了难关!"

3. 用身体语言。父母可以给孩子一个大大的拥抱,摸摸他们的头,用微笑和眼神表达你的赞赏。也可以与孩子击掌、竖大拇指,让夸奖变得更有互动性和乐趣。

4. 用小奖励鼓励。父母可以选一份适合孩子的小礼物作为奖励,但要保持适度,避免物质化。比如:"因为你今天帮助了别人,所以你可以选择一个小奖励,我们可以一起去挑一本你喜欢的书,或者去看一场电影放松一下。"让孩子感受到做好事的额外乐趣和成就感。

面对困境坚强无畏：
夸孩子勇敢坚强，不哭鼻子

画面回放

成长迷津

孩子不够坚强勇敢，碰到点儿难题和挫折就爱哭，这是成长路上常有的事。

1. 身体还没长结实。小孩子还在长身体，对疼痛和不舒服的感觉特别敏感。比如他们的皮肤娇嫩，摔一跤就会觉得特别疼，所以容易用哭鼻子来表达不舒服。

2. 家里给予的保护太多。如果家长总是把孩子保护得太好，不让他们经历挫折，那孩子碰到点儿小事就会觉得非常难受。如果孩子受到一点儿伤害家长就紧张得不行，这样孩子就会觉得任何挫折都是大事,变得敏感容易哭。

为了让孩子变得更加坚强和勇敢,家长可以试试这些方法。

1. 适当放手。在保证安全的情况下,让孩子独自去面对和解决一些小问题。比如当孩子跌倒了,家长可以先鼓励他们自己爬起来,这样他们就能慢慢学会自己解决问题,变得更加自信和勇敢。

2. 积极鼓励。当孩子遇到困难时,用鼓励的话来支持他们。比如告诉他们:"跌倒了就再站起来,你很勇敢!"或者说:"这个问题有点儿难,但我们一起努力,一定能解决!"让孩子知道只要勇敢面对,困难是可以被克服的。

3. 做孩子的榜样。家长自己也要展现出坚强勇敢的一面,比如在遇到困难时冷静处理,给孩子树立一个好榜样。同时,也可以给孩子讲一些关于勇敢和坚强的故事,让他们从故事里学到勇气和力量。

4. 鼓励孩子尝试新事物。鼓励孩子去尝试新东西,哪怕可能会失败。在孩子尝试的过程中,多给他们加油打气,让他们知道失败并不可怕,每一次尝试都是向成功迈进的一步。

5. 培养孩子的独立能力。在日常生活中,鼓励孩子自己动手做事情,比如穿衣、吃饭、收拾玩具等。这样不仅能锻炼他们的动手能力,还能让他们感受到自己的成长和进步,变得更加自信和独立。

夸宝慧语

当孩子变得更坚强勇敢,不再轻易哭泣时,父母可以这样夸奖他们。

1. 送勇敢奖牌。家长可以用彩色纸做一枚特别的"勇敢奖牌",在上面写上"小勇士"等称号。当孩子表现勇敢时,就给他戴上奖牌,并大声表扬:"宝贝,你摔倒后没哭,还自己站起来了,真勇敢!这块奖牌奖送给你,你是最棒的!"

2. 举办"勇敢庆祝会"。家长可以为孩子办个一个小聚会,用他们喜欢的东西装饰。在聚会上,大家一起夸孩子最近的勇敢表现,给孩子准备小礼物,并告诉他:"宝贝,你这么勇敢,我们一起为你庆祝!你是我们的小英雄!"

3. 制作勇敢回忆册。把记录孩子勇敢瞬间的照片收集起来,做成一本"勇敢回忆册"。每当看到这些照片,就夸夸孩子:"你看,那次你也那么勇敢!这本册子记录了你所有的勇敢时刻,你真了不起!"

做自信阳光的典范：夸孩子乐观自信，不怯场

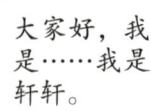

成长迷津

在参与比赛、演出或上台时，有的孩子不够自信，显得胆怯和紧张，背后可能有以下这些原因。

1. 经验不足。孩子可能因为之前没经历过类似的事情，对台上会发生什么心里没底，这种不确定让他们感到害怕。

2. 自我要求太高。孩子可能对自己的期望很高，害怕自己做不好会让大家失望。比如孩子想在舞蹈表演中表现得非常完美，但又怕自己出错，这种压力让他们不自信。

3. 担心被批评。如果孩子在之前的类似活动中受过别人的批评，可能会因此信心不足。比如老师或家长批评孩子做

善良有品行：好品德是夸出来的

得不好，孩子就可能一直记得，下次再遇到类似的活动就不敢尝试了。

4. 天生的性格。有些孩子性格比较内向，容易害羞，所以在人多的场合就会感到紧张和不自在。他们需要更多的时间和支持来适应新的环境和场合。

如果孩子存在怯场的问题，父母可以从以下这些方面来帮助孩子。

1. 多尝试、多积累。父母应鼓励孩子多参加各种活动，从小范围、压力小的活动开始，比如家庭聚会表演、小组活动等。这样他们就能慢慢积累经验，变得越来越自信。

2. 设定实际目标。父母应帮孩子设定合理的目标，让他们知道不必追求完美，只要努力就好。比如在比赛前，家长可以告诉孩子："重要的是享受过程，学习新知识，名次不是最重要的。"

3. 多鼓励，少批评。父母应多表扬孩子的优点和进步，给他们正面的反馈。如果他们没做好，也要鼓励他们继续努力，相信他们能行。比如孩子参加绘画比赛没得奖，但他的作品很有特点，家长可以说："你的作品很有创意，妈妈很喜欢。继续加油！"

4. 传授放松的技巧。父母应教孩子一些缓解紧张的方法，比如深呼吸、放松身体、给自己打气等。在他们紧张时，可以提醒他们用这些方法调整自己。比如让他们深呼吸几下，告诉自己："我可以的，我准备好了。"

5. 了解并理解孩子的性格。对于害羞的孩子，父母要更有耐心，并给予他们充分的理解。不要强迫他们快速改变，而是要尊重他们的个性，慢慢引导他们。家长可以和孩子一起制订适合他们的成长计划，帮助他们慢慢建立自信。

夸宝慧语

当孩子变得自信又乐观，不再怯场时，父母可以这样夸奖他们。

1. 夸成长和进步。"宝贝，你现在真的变了好多！以前你上台会紧张，现在却这么自信，看到你有这么大的进步，妈妈真是太高兴了。"

2. 赞细节。"你在舞台上的表现真是太棒了，每一个动作、每一个笑容都那么吸引人，你真的很有天赋！"

3. 赞品质。"你的自信和乐观就像阳光一样，不仅让自己快乐，也让周围的人感到温暖。这样的品质真的很宝贵，你会越来越优秀的！"

4. 鼓励未来。"你已经做得很好了，但妈妈相信你还可以做得更好。保持这份自信，未来会有更多美好的事情等着你哦！"

5. 用比喻。"你就像夜空中最亮的星星，自信地闪耀着，真是太耀眼了！"

做掌控情绪的智者：
夸孩子内心平和，不乱发火

画面回放

成长迷津

孩子总是不能很好地控制情绪，动不动就发火，这是许多家长在孩子成长过程中会遇到的难题。以下是导致这种情况发生的一些原因。

1. 生理因素。孩子的大脑发育尚未完全成熟，尤其是负责情绪管理的大脑区域。这使得他们在面对挫折和不如意时，很难像成年人那样有效地控制情绪。

2. 缺乏情绪认知。孩子并不清楚自己的情绪从何而来，也不知道如何正确地表达和处理这些情绪。他们只知道当得不到想要的东西时，内心会感到不舒服，但不知道这种不舒服具体是什么情绪，更不知道该如何应对。

3. 需求未被满足。当孩子的需求得不到满足时，他们就会通过发火来表达自己的不满。这是因为他们还没有学会用更恰当的方式来表达自己的需求，或者他们认为发火是引起父母关注的有效方式。

育儿智典

面对孩子容易情绪失控、爱发脾气的问题，家长可以采取这些策略来帮助孩子学会更好地管理情绪。

1. 做孩子的榜样。家长自己要先学会控制情绪，用平静和理智的态度处理问题。孩子看到家长这样做，就会模仿学习，从而学会如何正确应对情绪。

2. 教孩子认识情绪。通过读故事书、玩游戏等方式教孩子认识各种情绪，比如开心、伤心、生气、害怕等。这样孩子就能更清楚地了解自己的感受，并学会用语言表达出来。

3. 教孩子正确表达情绪。家长要让孩子知道生气时可以用说话的方式告诉别人自己的感受，而不是发脾气。还可以教他们一些让自己冷静下来的小技巧，比如深呼吸或数数。

4. 多倾听和理解。当孩子因为得不到想要的东西而生气时，家长要先耐心地听他们说完，理解他们的感受，然后再一起想办法解决问题，让孩子知道他们的情绪是被重视的。

5. 培养耐心和自控能力。平时可以设计一些小游戏或亲子活动，让孩子学会等待和自控。比如让他们学会延迟满足，或者在游戏中遵守规则，这样可以帮助他们提高耐心和自控能力。

夸宝慧语

当孩子能够控制情绪时，父母可以用这些既新颖又实用的方法来表扬他们，让他们更加自信和开心。

1. 充满趣味的夸奖。父母可以跟孩子说："宝贝，你现在情绪控制得超级好，就像超人打败怪兽一样厉害！"这样的夸奖会让孩子觉得很有趣，也更能感受到自己的成长。

2. 亲手为孩子做奖状。父母可以给孩子做一张漂亮的奖状，在上面写"情绪小明星"或"平和小冠军"，然后正式地颁发给他们。拿着这样的奖状，孩子的心里会美滋滋的，也会更有动力保持好情绪。

3. 给孩子一些特别奖励。比如让他们决定今晚吃什么，或者一起去他们喜欢的地方玩。在奖励孩子时，别忘了告诉他们这是对他们情绪管理能力的肯定哦。

4. 制作情绪管理徽章。父母可以设计一些情绪管理的小徽章，比如"深呼吸小能手""冷静小卫士"等。孩子每次表现好的时候，就给他们一枚徽章。

充满爱心的小天使：
夸孩子爱护动物，真善良

画面回放

轩轩，小猫怎么受伤了呀？看起来好可怜呢。你想帮帮它吗？

妈妈，我想帮助小猫，可是我不知道该怎么做。

成长迷津

孩子对流浪猫、流浪狗等小动物展现出的爱心非常纯真，但这也可能伴随一些风险和挑战，以下是几个可能遇到的问题及原因。

1. 健康风险。孩子和流浪动物亲近时，会有一定的健康风险。因为流浪动物可能带有病菌或寄生虫，如果孩子不注意卫生，比如摸了流浪动物后没洗手就吃东西，孩子可能会生病。

2. 情感波动。孩子很容易对受伤的小动物产生深厚的感情，如果小动物的健康情况没有得到改善，甚至不幸离世，孩子可能会非常难过，心情会低落很久。

3. 帮助方式不当。孩子虽然出于好意想帮助小动物，但他们可能不知道怎么做才是对的。比如他们会给小动物吃不适合的食物，或者不知道如何正确处理受伤的动物，反而会让小动物的情况变得更糟。

育儿智典

针对孩子在与流浪动物互动中可能遇到的问题，家长可以这样做。

1. 教孩子基本的卫生常识。家长应告诉孩子接触流浪动物后要保持清洁，比如立刻洗手、消毒，防止细菌传播。家长可以用有趣的方式，比如看动画片、读故事书等方式，让孩子轻松地学习这些知识。

2. 帮助孩子理解生命的意义和价值。当孩子对小动物有感情时，家长要陪伴在旁，教他们理解并体会这样的道理：即使我们很努力，有些事情也不一定能得到预期的结果。重要的是我们尝试过，学会了爱护生命。

3. 教孩子正确的帮助方式。家长可以和孩子一起学习如何正确地帮助流浪和受伤的小动物。可以向专业人士，比如兽医或动物救助组织请教，学习正确的救助技巧。比如，遇到受伤的动物，应该先找大人或专业人员帮忙，而不是自己随意处理。

夸宝慧语

当孩子对流浪或受伤的小动物表达爱心时,父母可以这样夸奖他们。

1. 赞美善良。"宝贝,你对小动物真有爱心,你就像个小天使,让世界都变温暖了。"这样的夸奖会让孩子知道善良的意义。

2. 具体表扬。"你细心地照顾那只小鸟,还安慰它,真是个细心又体贴的孩子,妈妈为你感到骄傲。"这样的夸奖会让孩子知道自己具体哪里做得好。

3. 鼓励坚持。"你对小动物的关爱让妈妈很感动,继续这样,你会成为它们最好的朋友。"这样的夸奖能够鼓励孩子保持这份爱心。

4. 用比喻鼓励。"你就像那些小动物的勇士,总是在它们危难时出现,真是太棒了!"这样的夸奖能够让孩子感受到自己的勇敢和特别。

5. 分享喜悦。"看到你照顾小动物,我特别高兴,因为我们家有个充满爱心的小宝贝。"这样的夸奖能够让孩子知道他们的行为让家人也感到骄傲。

6. 奖励体验。"为了奖励你的爱心,我们一起去动物园看更多的小动物吧,或者一起看一本关于它们的书。"通过奖励和实际行动再次肯定孩子的爱心。

第二篇 善良有品行：好品德是夸出来的

错误示例

1. 你今天帮助了同学，真难得，不过我猜你下次就不会这么做了。

点评：在夸奖孩子的善良行为时，却暗示这样的行为只是暂时的，会让孩子觉得自己并不真正具备善良的品质，从而降低其持续行善的意愿。

2. 看到小猫受伤了，你主动带它去看兽医，真是太好了，这都是因为我平时教你要有爱心。

点评：将孩子的善良行为归功于自己的教导，而非孩子的内在品质，可能会让孩子觉得自己的行为是出于外界压力，而非自发善意，减弱了孩子内在的道德驱动力。

3. 你对老人那么有耐心，真是个善良的孩子，希望你以后对所有人都能保持这份善良，千万别让我失望。

点评：在夸奖的同时附加期望和要求，可能让孩子感到被监视和评判，增加其心理负担，担心无法达到父母的高标准而退缩，从而影响孩子自然展现善良本性的积极性。

一、助人小卫士：夸孩子乐于助人、懂奉献

1. 你蹲在地上帮小美捡散落的彩笔，还把铅笔盒里的小熊贴纸分给了哭鼻子的阳阳 —— 你的口袋像百宝囊，装满了让世界变甜的魔法。

2. 在值日生忘记擦黑板时，你默默拿起黑板擦的样子特别帅 —— 原来真正的担当是不需要提醒的自觉。

3. 把新买的绘本放在班级图书角时，你那双亮闪闪的眼睛让妈妈想起春天最早开放的蒲公英 —— 分享的种子会在别人心里开出花。

4. 运动会上，你背受伤的小川去医务室，你小小的身影撑起了"朋友"两个字最温暖的分量。

5. 看到奶奶揉腰时，你悄悄把自己的卡通靠垫塞过去——这份细心像冬天的热水袋，焐热了全家人的心。

6. 你把最爱的巧克力分给因为生病而食欲不振的姑姑，还说"甜的东西能打败药的苦"，你的小脑袋里住着最懂治愈的白衣天使。

7. 你把攒了半年的零花钱捐给流浪动物救助站，却舍不得给自己买心仪已久的拼图。

8. 你给送外卖的叔叔递上一杯水，这份善意里藏着了不

善良有品行：好品德是夸出来的

起的智慧：尊重每个认真生活的人。

9. 你在帮助别人时眼里的光比领奖台上的聚光灯更耀眼 —— 这是只属于善良者的光芒。

10. 妈妈发现你在助人时从不求回报，但那些被温暖的瞬间都悄悄长成了你心里的星星。

11. 记得你说："帮助别人时感觉自己变大了。"这份"变大"的感觉是世界给善良者的特殊礼物。

12. 你的善良不是偶然的闪光，而是像树根一样默默生长的力量 —— 这让妈妈对你的未来充满期待。

13. 当你为他人着想时，整个世界都在你的瞳孔里变得更柔软。

14. 你把在美术课上做的贺卡送给保洁阿姨，还在上面写着"谢谢魔法扫帚让教室变干净"，你的想象力让平凡的工作闪闪发光。

15. 你在暴雨天把伞倾向拎重物的阿姨，却将自己的半边身子淋透。你倾斜的不是伞，是心里满满的爱。

16. 你说帮助别人时感觉心里暖暖的，这种温暖会让你成为别人生命里的小太阳。

17. 你的每个举手之劳都在别人的故事里写下了温柔的注脚 —— 这是比任何奖状都珍贵的勋章。

18. 你照顾生病同学时的细致让妈妈想起你小时候照顾布娃娃的样子，原来爱与责任从来都是一脉相承的。

19. 你把生日蛋糕分给孤儿院的小朋友,自己只剩小小一块。你知道吗?分享的快乐会让蛋糕在记忆里永远都是甜的。

20. 比起收到礼物的喜悦,你帮助别人时的笑容更让妈妈心动,那是灵魂在发光的样子。

21. 你的善良像春天的蒲公英,看似轻盈,却能在别人心里扎根生长。

22. 真正的善良是在看见别人的需要后,把"关我什么事"变成"我可以做什么"。

23. 帮助别人不是牺牲,而是给心灵储蓄幸福,你的每一次伸手都在为未来的自己种下玫瑰。

24. 当你成为别人的"及时雨",你会发现自己也在被世界温柔灌溉。

25. 善良不是一种选择,而是你灵魂的模样,会让你在人群中永远闪闪发亮。

26. 你的每个善举都是星星之火,也许它们现在只是微光,但终将照亮属于你的天空。

27. 妈妈希望你永远记得:被需要是一种幸福,能付出是一种能力,你已经拥有了最宝贵的财富。

28. 给哭泣的陌生人递纸巾时,你没有追问原因,这份"不打扰的温柔"是最体贴的善意。

29. 孩子,你用爱为身处困难的人指引前行的方向。

第二篇 善良有品行：好品德是夸出来的

30. 从"我想要"到"我愿意"，你的成长让妈妈惊喜，那个曾经爱哭的小宝贝已经学会为别人撑伞了。

31. 还记得你第一次主动让座时紧张的样子，现在你已经能自然地帮助更多人。这份从容是善良最好的模样。

32. 看着你从"被照顾者"变成"守护者"，妈妈终于明白：爱，真的会让人长大。

二、坚强无畏的勇士：夸孩子勇敢坚强，不哭鼻子

1. 你摔倒时含着眼泪，却笑着说："我自己站起来！"膝盖的伤疤是你的勇敢勋章。

2. 你在深夜发烧到39℃，还坚持背单词，说："不能耽误明天的听写。"你红扑扑的脸颊上刻着比体温计更滚烫的坚持。

3. 你被篮球砸中鼻子血流不止，却先安慰被吓哭的队友。

4. 你主动报名主持班会，紧张到忘词却笑着说："让我重来一次！"舞台上的磕绊是你长出的新的翅膀。

5. 你摔倒后自己爬起来掸灰尘的样子，像棵被风吹弯又挺直的小白杨。

6. 拔牙时，你抓着妈妈的手微微发抖，但始终睁着眼睛配合医生，这份勇气让妈妈眼眶发热。

7. 换药时，你数着窗外的云朵转移注意力的样子比所有动画片里的英雄都真实动人。

8. 孩子，你的无畏精神让每一个困难都显得微不足道。

9. 你真了不起，这么难的事都能独立解决。

10. 孩子，你的勇敢能打败所有困难。

11. 就算跌倒，你也能爬起来，这种精神让妈妈很欣赏。

12. 勇敢的你自带光芒！

13. 你总是那么坚强，从不因为困难和挫折而动摇。

14. 孩子，你的勇敢就像一把利剑，能打败所有困难。

15. 你总是那么坚强，从不会因为小事而哭泣。

16. 宝贝，你的坚强给了我很大的鼓舞。

17. 你不是不会哭，而是学会了含着眼泪奔跑。这份韧劲会让你在人生马拉松中闪闪发光。

18. 你说："勇敢就是害怕也要做。"这句话比任何励志名言都有力量。

19. 那些你以为过不去的坎儿，现在都变成了垫高脚尖的砖，这就是勇敢的复利效应。

20. 你的每一次咬牙坚持都是在给未来的自己发送信号：我可以更强大。

21. 真正的勇敢不是无所畏惧，而是明知害怕，依然选择向前。孩子，你做到了。

22. 比起完美的胜利，妈妈更欣赏你摔倒后眼里的光，那是勇敢最本真的模样。

23. 你的勇敢像竹笋，顶着石头也要往上长。这份破土

第二篇　善良有品行：好品德是夸出来的

的力量，终将撑出自己的天空。

24. 勇敢不是消灭恐惧，而是学会与恐惧并肩前行 —— 你已经掌握了人生最重要的生存技能。

25. 疼痛是生命的刻刀，而你选择让它雕出翅膀，而非伤痕。

26. 当你说"我害怕，但我要试试"时，整个宇宙都在为你让路，这就是勇敢的魔法。

27. 真正的勇敢自带光芒，它会照亮你自己，也会温暖别人，就像你今天扶起摔倒的老人时那样。

28. 你的每个"我可以"都在改写"我不行"的历史，这是对自己最伟大的革命。

29. 妈妈希望你永远记得：勇敢不是逞强，是明知脆弱依然选择站立。

30. 你在参观航天展后说："宇航员的勇敢是带着恐惧出发。"

31. 从"妈妈抱"到"我自己来"，你的每个转身都在宣告：我是自己的守护者。

32. 妈妈在整理旧照片时发现：幼儿园哭鼻子的小不点儿已经变成能给妹妹示范打针的"勇敢教官"了。

33. 看着你从"疼痛逃避者"变成"困难解码者"，妈妈终于明白：勇敢是可以后天修炼的超能力。

34. 你开始思考"勇敢的边界"，这份清醒的勇气标志

着真正的成熟。

35. 妈妈会永远珍藏你的每个勇敢瞬间,它们是你生命的年轮,终将长成遮风挡雨的大树。

三、知错能改好榜样:夸孩子勇于担当,有责任心

1. 孩子,你知错就改,真是个有担当的孩子。

2. 你的责任心让我们感到很踏实。

3. 你勇于承认错误,是我们心中的小英雄。

4. 你主动告诉老师自己忘带作业了,这种诚实比 100 分更珍贵。

5. 你在发现自己算错数后立刻重算三遍,妈妈看到了比答案更重要的认真态度。

6. 你把不小心撕破的课本粘补得整整齐齐,这份对学习的责任心让书本都闪光了。

7. 你的担当温暖了大家的心。

8. 你主动把弟弟弄坏的玩具修好,还教他爱护物品,你教会了弟弟什么是责任。

9. 宝贝,你的责任心让大家都愿意和你做朋友。

10. 你事事尽心尽力,妈妈为你的责任心点赞。

11. 在你主动把打翻的牛奶擦干净时,妈妈看见的不仅是整洁的地板,更是闪闪发光的责任心。

12. 孩子,你主动把多找的零钱还给店员,你守护的是

善良有品行：好品德是夸出来的

比金钱更珍贵的品格。

13. 你主动提出用自己的零花钱赔偿丢失的图书，你比故事里的骑士更勇敢。

14. 在责任面前，你从不退缩！

15. 有担当的你总是能在关键时刻挺身而出。

16. 孩子，你的责任心赢得了大家对你的赞美与肯定。

17. 你的责任心就像一面旗帜，鼓舞着大家。

18. 你主动承担的背影正在为更多人撑起担当的晴空。

19. 你修正错误的轨迹正是人生最美的抛物线。

20. 每个改正的脚印都在浇灌名为责任的种子。

21. 你主动制订补救计划时的专注，让时钟都放轻了脚步声。

22. 如此有担当的你，以后就是我的偶像啦！

23. 在错误面前，你从不推卸责任，而是勇于面对和改正。

24. 你用自己的责任铸就了一把开启成功大门的钥匙。

25. 那些道歉的话语，正在编织成长的金线。

26. 你把大家的事当成自己的事去做，让大家更加信任你。

27. 在敢于承担责任和压力的那一刻，你已经是一个男子汉了！

28. 你在挫折面前不退缩的精神让妈妈感到无比自豪。

29. 你用自己的实际行动生动诠释了责任二字。

30. 你的担当像小树苗的年轮，在错误中刻出坚强的印记。

31. 虽然妈妈最心爱的花瓶碎了，但你勇于承认错误的精神比花瓶更珍贵。

32. 你从不畏惧挫折和批评，妈妈为你的这份努力和执着感到骄傲。

33. 当你主动承认自己的错误时，你就是最勇敢的勇士。

四、宽容小达人：夸孩子胸怀宽广，不计较

1. 刚才弟弟抢了你的积木，你不但没哭，还教他怎么搭城堡，这种耐心比积木塔还要珍贵呢！

2. 看到你把最后一块饼干分给流浪猫，妈妈发现你的心像春天的原野一样温暖又辽阔。

3. 好朋友获得了作文比赛的冠军，无缘奖项的你依然对好朋友竖起大拇指："你的故事让我看到新的世界。"这种欣赏对手的格局比获奖更珍贵。

4. 当你选择宽广时，整个宇宙都在为你让路，这就是生命最神奇的魔法。

5. 现在的你是班级的"情绪海绵"——吸收负能量，释放正能量，这种能力让你成为最珍贵的存在。

6. 妈妈要为你颁发"胸怀勋章"—— 这是比任何奖状都重要的人生证书，证明你拥有拥抱世界的勇气。

7. 孩子，你已经懂得了"舍得"的智慧 —— 舍去的是小利，得到的是更辽阔的天地。

第二篇 善良有品行：好品德是夸出来的

8. 孩子，你渐渐懂得：真正的强大不是战胜别人，而是容纳不同。这份认知比任何奖杯都珍贵。

9. 宝贝，你原谅别人时的表情就像清晨的露珠 —— 干净、透亮。

10. 你的笑声像融化的巧克力，让所有的不愉快都变得甜蜜。

11. 孩子，你长大后会发现：这些原谅和包容都是你人生星图上的璀璨星座。

12. "此心光明，亦复何言。"你的坦荡让所有的误解都变得微不足道。

13. 今天，你让孔融让梨的故事有了新版本 —— 你让的不仅是水果，更是让整个世界看到中国少年的胸怀。

14. 你化解矛盾的样子像春风拂过山岗，让所有的草木都舒展生长。

15. 你的胸怀像草原，让每个靠近的人都能自由奔跑；你的心灯像灯塔，给迷路的人指引方向。

16. 宝贝，你知道吗？你原谅他人时，眼里的光比银河更璀璨；分享快乐时，嘴角的笑比花开更动人。

17. 你的包容像大海，能容纳所有的浪花；你的善良像星空，照亮每个黑暗的角落。

18. 你主动把最后一块蛋糕留给晚到的客人，这种体贴让妈妈看到你那颗金子般的心。

19. 孩子，你对小朋友说"刚才我也有不对"时，爸爸看到了一个小男子汉的胸襟。

20. 小小的你教会爸爸一个道理：真正的强大是温柔地包容世界。

21. 看着你宽容待人，妈妈的心像泡在温泉里。

22. 大气之人必成大器，这是时间给你的承诺。

23. 孩子，请保持这样的格局，你会拥有海纳百川的人生。

24. 孩子，你在面对诱惑时依然选择坦荡，这种品格是人生的无价之宝。

25. 宝贝，你的每次退让都是在为明天的飞跃积蓄力量。

26. 你守护公平时的坚持为这个世界增添了希望。

27. 这次你没急着辩解，而是耐心倾听，妈妈知道你悄悄完成了一次重要的蜕变。

28. 妈妈看着你从执拗变得豁达，就像目睹花朵优雅绽放。

29. 相比之前的赌气固执，现在从容的你让爸爸妈妈感到无比欣慰。

30. 你用幽默化解尴尬的机智展现了超越输赢的智慧。

31. 看到你为对手鼓掌，我知道你读懂了竞争的真谛。

32. 你选择原谅朋友的失误，这种心胸比任何奖杯都珍贵。

33. 你认真倾听不同意见的样子，像大海包容每一条溪流。

34. 你选择用笑脸化解争执，就像魔法师平息了暴风雨。

35. 你说"每个人的选择都值得尊重"时，眼里的光芒照亮了整个房间。

36. 发现自己的作品被弄坏后，你的深呼吸和微笑展现了真正的精神贵族气质。

37. 孩子，你主动承担班级的额外任务却从不抱怨，你让同学们看到了难能可贵的责任感。

38. 你保护弱势者时的挺身而出雕塑出了最高贵的生命姿态。

39. 孩子，你在面对挑衅时依然保持优雅，这种修养是送给未来自己的礼物。

五、自信阳光典范：夸孩子乐观自信，不怯场

1. 你选了更具挑战性的曲子，这份敢于突破舒适区的勇气比完美演奏更值得骄傲！

2. 宝贝，你主动邀请新转来的同学一起做游戏，简单的"你好"背后藏着大大的勇敢！

3. 孩子，请记住今天的掌声，但更要记住你为这一刻付出的努力，这才是自信的源泉！

4. 比起上次躲在妈妈身后，今天你能站在台上就是100分的进步！

5. 从不敢举手到主动报名领唱，这个跨越需要多大的勇气呀！

6. 虽然声音不够响亮，但你完整地表达了自己的想法，这就是突破自我的里程碑！

7. 你主动扶起摔倒的对手，这种体育精神比奖牌更闪耀！

8. 刚才忘词的时候你没有慌，而是笑着继续讲下去，这就是真正的舞台掌控力！

9. 你的笑容是最有感染力的魔法，带着这份自信和快乐上场，你是最棒的！

10. 你准备了三个备用方案，这种周全的思考就是自信的最佳铠甲！

11. 记住，台下的掌声是给那个勇敢站上去的你，不是给完美的表演！

12. 站在台上时，你的眼睛里有光，那是自信最美的样子。

13. 遇到突发情况还能保持微笑，这份镇定值得所有人学习。

14. 就算心里紧张，你也坚持完成了演讲，这就是真正的勇敢。

15. 你在准备比赛时反复练习的样子，比最后的奖杯更珍贵。

16. 今天你主动和新同学打招呼的样子，像个小太阳一样温暖。

第二篇 善良有品行：好品德是夸出来的

17. 在遇到难题时，你会主动思考而不是退缩，这份独立就是成功的基础。

18. 你总是能在犯错后迅速调整状态继续尝试，这种韧性最了不起。

19. 面对评委提问对答如流的样子是你平时认真积累的最好证明。

20. 你总是能在陌生环境里主动结交朋友，这是非常珍贵的能力。

21. 你每次在遇到挫折时说的"再试一次"总是令妈妈心疼又感动。

22. 你安慰同学时温暖的话语展现了内心的强大力量。

23. 你愿意通过分享自己的失败经历来帮助别人，这是真正的勇者胸怀。

24. 不管在什么场合，你总是能保持恰当的幽默感，这是难能可贵的心理素质。

25. 比起上次演讲，你的肢体语言更自然了，你的进步肉眼可见。

26. 你总是有勇气尝试完全陌生的领域，这是成功的密码。

27. 小组合作时你提出的精彩创意让整个团队都焕发光彩。

28. 你在看到长辈时礼貌得体的问候，体现的是由内而

外的自信。

29. 候场时你还在帮同学整理衣领,你从容的样子特别有领袖气质。

30. 临时修改讲稿还能流畅表达,你的这份应变能力值得妈妈为你喝彩。

31. 把失败经历写成日记自我反思,这是强者的学习方式。

32. 你在被人误会时能平静解释不退缩,情绪管理能力越来越强了。

33. 你主动申请担任更难的演讲角色,你用实际行动诠释了成长就是不断突破自己。

34. 你说"犯错说明我在进步"时的笑容是最美的成长印记。

35. 你在遇到突发状况的情况下依然稳定发挥,心理素质堪称一流。

36. 你在升旗仪式上喊口号时挺直的脊梁书写着少年的志气。

37. 紧急替补上场的你超常发挥,压力反而让你更耀眼。

38. 你在辩论赛上礼貌反驳对手的风度让所有人印象深刻。

39. 每天早晨对着镜子说加油的样子是你给自己最好的礼物。

第三篇

积极不怕难：
好心态是夸出来的

　　积极的心态是孩子面对困难时的重要武器。家长的夸奖不仅能让孩子感受到被认可的快乐，更能激发他们的内在韧性，让他们勇于面对挑战，不怕困难。在孩子尝试新事物或遇到困难时，我们应及时发现他们的努力和进步，用鼓励的话语为他们加油打气。这样的鼓励会让孩子相信只要坚持不懈，就一定能克服困难，取得成功。因此，家长要多夸奖孩子，用正面的力量引导他们，让他们拥有积极的心态，迎接生活中的每一个挑战。

乐观面对变化：夸孩子适应力强

画面回放

成长迷津

有些孩子不太擅长适应新环境，每当周围环境有所变化时，他们可能会显得不太适应。这种情况背后主要有以下原因。

1. 经验不足。如果孩子一直生活在相对稳定的环境中，没有太多机会经历变化，那么当面临新环境时，他们会因为没有足够的经验来应对而感到迷茫和不安。

2. 性格内向敏感。有些孩子性格内向，对周围的变化特别敏感，他们可能需要用比其他人更长的时间来适应新环境。

3. 缺少必要的支持。在面对环境变化时,如果孩子得不到足够的关心、鼓励和指导,他们的适应能力就会受到影响。比如家长在孩子转学后没有及时关注并发现孩子的情绪变化,没有给予足够的支持和帮助,孩子就可能难以适应新环境。

　　对于适应能力较弱的孩子,家长可以采取以下策略来培养他们的适应能力。

　　1. 预先规划与告知。在环境变化之前,家长要提前和孩子沟通并规划好。比如在搬家前带孩子参观新家及周边环境,让他们对新环境有个初步印象。如果孩子要转学,家长可以提前收集新学校的资料,和孩子一起了解,减轻他们的陌生感。

　　2. 增强自主性。在日常小事上,家长要鼓励孩子自己动手,比如整理个人物品、决定日常穿着等,这样他们在面对新环境时会更自信地解决问题。

　　3. 促进社交。家长要鼓励孩子积极参与社交活动,特别是到新环境中后,引导他们加入学校的社团或社区活动,结识新朋友。有了新伙伴,孩子会更快融入新环境。

　　4. 提供情感关怀与支持。当孩子因环境变化而感到不安或难过时,家长要耐心倾听,给予他们爱的拥抱和正面的鼓励,告诉他们这是适应过程中的正常反应,家人会一直在身边支持他们。

5. 培养乐观的生活态度。家长要引导孩子用乐观的态度应对生活中的变化,通过故事、电影等媒介展示应该如何积极面对挑战。同时,家长自己也要展现出乐观向上的生活态度,为孩子树立好榜样。

夸宝慧语

当孩子变得非常适应环境,能够轻松应对周围的变化时,父母可以尝试以下夸奖方式,让赞美更加贴心易懂。

1. 及时赞美。看到孩子在新环境中表现良好,家长要马上给予表扬。比如孩子到新学校不久就和新朋友打成一片,家长可以说:"宝贝,你真厉害,这么快就在新学校交到朋友了,适应能力超级强,妈妈真为你高兴!"

2. 持续鼓励。在表扬的同时,家长也要鼓励孩子保持这份适应能力。家长可以说:"宝贝,你现在适应新环境的能力真的很强,妈妈相信以后不管遇到什么新情况,你都能勇敢地面对,继续加油哦!"

3. 传递喜悦。家长可以把孩子的进步告诉亲朋好友,让他们也一起为孩子加油。家庭聚会时,家长可以开心地说:"我们的小宝贝现在适应能力超强,新学校的生活一点儿都难不倒他,大家都来夸夸他吧!"这样孩子会感受到满满的鼓励和幸福。

懂得坚持：
夸孩子锲而不舍，有耐性

画面回放

宝贝，你怎么突然不玩了？

太难了！我拼不出来了！

成长迷津

有些孩子没有耐性，这也会体现在他们的日常行为中。比如在学习新本领时，他们起初兴致勃勃，但很快热情减退，不愿持续。背后原因大致可归结为以下几点。

1. 目标不明确。若孩子做事没有明确的目标，就像轮船在海上航行时没有方向，容易失去前进的动力。比如有的孩子在画画儿时只是胡乱涂鸦，没有具体想要画成什么样，自然容易厌倦。

2. 即时满足的心理。现在的生活节奏快，孩子习惯了立刻得到满足，难以忍受需要长时间投入才能看到成果的事情。他们可以随时打开电子设备看节目，但做手工或学习却需要漫长的等待和付出。

3. 注意力分散。孩子的注意力容易受外界干扰，一点点风吹草动都可能让他们分心。比如在他们做作业时，外面的一点儿声响就能让他们放下笔，不再专注。

育儿智典

面对容易放弃、缺少毅力的孩子，家长可以尝试用以下方法加以引导。

1. 和孩子一起设定清晰的目标。家长可以跟孩子一起坐下来，聊聊他们正在做的事情，并帮助他们定下一些小步骤和大目标，并告诉孩子："我们来订个小计划，这周我们先搞定这个部分，有目标就会更有劲头哟！"

2. 教会孩子等待与努力。在生活中，家长要适时地让孩子体验"努力后得到"的喜悦。比如在孩子想要新玩具时，不妨提议他们通过完成家务或达成某个小目标来换取，这样孩子就能学会通过耐心和努力来满足自己的道理。比如："如果你这周每天都能整理房间，那个玩具就是你的奖励了。"

3. 让孩子多体验成功的滋味。家长可以选择适合孩子水平的任务，让他们在完成的过程中感受到成功的喜悦。比如在孩子画画儿时，让他们从简单的图形开始，每完成一幅作品家长都给予真诚的赞美，对孩子说："看，你完成得多好哇！这就是坚持的结果，你真厉害！"成功的感觉会激励孩子继续前行。

4. 增强孩子的专注力。家长可以用有趣的方法帮孩子提高注意力,比如与孩子一起玩一些需要集中精力的游戏,设定无干扰的学习时段。告诉孩子:"现在是专心时间,我们把手机收起来,一起努力完成作业,看看效率有多高。"

夸宝慧语

当孩子展现出显著的坚持与耐心时,父母可以尝试以下既有趣又实用的夸奖方式。

1. 举行"毅力小明星"表彰大会。"宝贝,今天我们要为你开个特别的庆祝会!因为你最近做事超级有耐心,一直不放弃,你就是咱们家的'毅力小明星'。来,这是你的专属奖杯,记得要继续保持这份耐心哟!"家长可以准备一个有趣的奖杯或亲手制作的奖状,让这一刻更加难忘。

2. 制作成长足迹纪念册。"宝贝,你知道吗?你的坚持让你取得了好多了不起的成就。咱们一起动手做个成长纪念册吧,把每天的阅读时光、练琴时的努力都记录下来,并配上照片和你的心情日记。以后翻看时,你就会发现自己有多棒!你的坚持真是太让人骄傲了!"

3. 成为小伙伴的榜样。"宝贝,你现在这么有毅力,能不能当个小老师,教教弟弟妹妹或者朋友们怎么做到不放弃呢?妈妈相信你会是个很棒的小老师。"让孩子在分享中收获成就感,同时也加深了他们对坚持的重要性的认识。

热情有活力：
夸孩子热爱生活，活力满满

画面回放

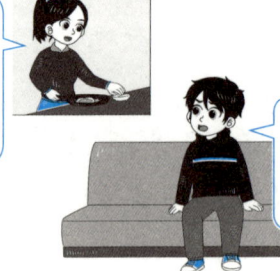

宝贝，今天的天气这么好，要不要一起去公园玩？

不去，没意思，反正去哪里都一样无聊。

成长迷津

有些孩子似乎失去了对生活的兴趣和活力，这确实令人忧虑。比如在参与活动时，有的孩子总是提不起劲儿，一副不感兴趣的样子。在这种情况背后，可能有几个简单易懂的原因。

1. 生活单调乏味。如果孩子的生活总是一成不变，缺乏新鲜感和探索的机会，他们就容易觉得无聊。他们每天就是上学、回家、做作业、看电视，重复再重复，没有新鲜事可做。

2. 压力过大。孩子可能因为学习、家庭等各方面的压力而感到疲惫，繁重的学业让他们几乎没有时间享受生活的乐趣,导致他们对生活中的乐趣视而不见。

3. 缺乏方向和动力。当孩子不清楚自己的兴趣所在,也没有明确的目标或梦想时,就容易对生活感到迷茫和乏味。他们不知道为了什么而努力,做什么都觉得没意义。

育儿智典

面对孩子对生活的冷淡态度,父母可以采取以下温馨且有效的方法来激发他们对生活的热情和活力。

1. 开启新奇之旅。父母应成为孩子探索世界的伙伴,带他们体验不同的事物。比如提议:"宝贝,周末我们去郊外野餐,体验一下在大自然中享受美食的乐趣,还能发现很多小动物的秘密哟!"通过这样的活动,让孩子感受到生活的多姿多彩。

2. 帮孩子减压。家长要关注孩子的情绪状态,适时为他们减压。和孩子一起制订合理的计划,确保学习与休息并重。同时,家长要多鼓励孩子参与体育活动,如跑步、游泳,帮助他们释放压力,保持活力。

3. 与孩子交流梦想。家长要与孩子深入交流,了解他们的兴趣和梦想,并给予积极的引导和支持。比如家长发现孩子喜欢画画儿,就鼓励他:"你的画儿里藏着很多故事呢!想不想参加个绘画班,让你的想象力飞得更高更远?"通过具体行动,帮助孩子将梦想转化为现实。

4. 守护孩子的情绪。家长要时刻关注孩子的情绪变化,成为他们最坚实的后盾。当孩子遇到挫折或不开心时,通过倾听、理解和支持等方式,帮助孩子建立积极的心态,让他们勇敢地面对生活的挑战。

夸宝慧语

当孩子变得热爱生活、满怀热情且活力四射时,父母可以运用以下这些温馨的夸奖方式。

1. 细致称赞。家长要具体地指出孩子那些做得好的地方,比如:"宝贝,你主动参与户外活动,在户外奔跑的样子让人感受到你的满满活力,太棒了!"

2. 表达自己的感受。家长要告诉孩子他们的热情如何影响了家人,比如:"你的热情和活力就像一缕阳光照进家里,妈妈看到你这么热爱生活,心里暖洋洋的。"

3. 持续鼓励。在表扬的同时,家长还要鼓励孩子继续保持这种好状态,可以说:"你对生活的这份热爱真的让人很感动,希望你能一直保持这份活力,去探索世界的美好。"

4. 成长对比。通过对比孩子的过去和现在,肯定他们的进步,比如:"记得以前你总说无聊,现在却对每件事都充满好奇,你真的长大了,变得更有活力了。"

失败不可怕：
夸孩子坚忍，不气馁

画面回放

成长迷津

在遭遇挫折后，有些孩子很容易感到沮丧，甚至想要放弃，而不是从失败中吸取教训，重新尝试。在这种情况背后，主要有以下几个原因。

1. 挫折教育的缺失。在孩子成长的路上，许多家长总是尽可能地为他们铺平道路，避免他们遇到挫折。这样一来，孩子在面对失败时就显得手足无措，因为他们从未学过如何应对。

2. 对成功的片面理解。孩子常常被教育只有取得优异成绩、赢得奖励才算成功，却忽视了他们在努力过程中获得的成长和经验。因此一旦遭遇失败，他们就觉得自己一无是处，容易陷入气馁的情绪中。

3. 自我认知的偏差。有些孩子对自己的能力估计不准确，要么过高，要么过低。高估自己能力的孩子在失败后往往难以接受现实，心理落差大；而低估自己能力的孩子则可能认为努力无用，轻易选择放弃。

育儿智典

面对孩子遇到挫折后容易沮丧、想要放弃的情况，家长可以通过这样做来帮助他们。

1. 表达理解与关怀。当孩子经历失败时，家长首先要做的是表达理解和支持，让孩子知道他们并不孤单。比如孩子考试没考好，家长可以温柔地说："宝贝，看到你难过我也心疼。失败是常有的事，我们一起找出原因。"

2. 适度设置挑战，进行挫折训练。在日常生活中，家长可以安排一些小任务，让孩子自己去尝试和解决，让他们学会面对挫折。比如鼓励孩子自己修理玩具或整理房间，在他们遇到难题时，家长可以引导他们自己思考解决方案。

3. 拓宽成功的定义。家长要告诉孩子，成功不仅仅是赢得比赛或考试得高分，更重要的是在努力的过程中获得成长。比如孩子在绘画比赛中没获奖,但家长可以强调他们在画画儿过程中的进步和用心,这也是一种成功。

4. 帮助孩子建立正确的自我认知。家长可以协助孩子分析自己的长处和短处,让他们有一个清晰的自我认知。当孩子遭遇失败时,家长既要肯定他们的努力,也要指出需要改进的地方,给予鼓励和指导。

夸宝慧语

当孩子取得显著的进步,特别是在面对失败更加坚忍时,父母可以采用这些夸奖的小妙招儿来鼓励他们。

1. 创意表彰法。给孩子设计一个特别的"挑战勇士奖章",把它挂在房间最醒目的地方,让孩子每天都能看到这份属于自己的荣耀。也可以设立一个"成长宝藏盒",每当孩子从失败中吸取教训并有所成长时,就往里面放入一颗闪亮的小珠子或星星贴纸,作为成长的见证。

2. 品质表扬法。"宝贝,你的不放弃和乐观向上的态度让妈妈心里感到特别温暖和骄傲。这种面对困难依然坚持的品质非常难能可贵。"直接称赞孩子在逆境中展现出的优秀品质。

3. 未来期许法。"看你现在做得这么好,妈妈对你充满了信心。无论将来遇到什么挑战,妈妈都相信你能勇敢地迎接并克服它,继续加油,未来可期!"在夸奖的同时,也表达了对孩子未来的美好期望,激励他们持续向前。

心中有理想：
夸孩子有目标，心怀大志

画面回放

轩轩，别再沉迷于游戏了，生活中还有很多值得你去探索和发现的事情。

我觉得玩游戏很有趣呀，你不懂。

成长迷津

有些孩子心里没有明确的梦想和想要达到的目标，这让他们做事情时没有方向，也少了几分冲劲儿。这种情况背后的原因大致有以下几点。

1. 缺乏指导和发现。如果家长和老师没有及时帮助孩子发现自己的兴趣和特长，引导他们去探索和发展，那么小朋友就很难找到自己的梦想和追求。

2. 环境氛围的影响。如果孩子所处的环境缺乏积极向上的氛围，周围的人都只看重眼前的得失和快乐，那么孩子也容易受到影响,变得没有长远的目标和追求。

3. 失败后的挫败感。有的孩子曾经有过梦想,但在追求梦想的过程中遇到困难或失败时,他们没有得到及时的鼓励和支持,于是就对自己失去信心,放弃了原有的梦想和目标。

育儿智典

面对孩子心中缺乏梦想和目标的情况,家长可以通过这样做来引导他们。

1. 帮助孩子发现兴趣所在。家长要多带孩子去体验各种活动,比如参观博物馆、艺术展或科技展,让孩子多接触新事物,找到自己真正喜欢的东西。同时,家长也要留心观察孩子平时喜欢做什么,多鼓励他们在感兴趣的事情上投入时间和精力。

2. 分享个人经历,激励孩子。家长可以和孩子聊聊自己的过去,讲讲自己是怎么设定目标并为之努力的,在追求目标时遇到困难是怎么克服的。这样的故事能让孩子明白有目标的重要性,也能让他们学会如何在遇到困难时不放弃。

3. 鼓励孩子设定并达成小目标。对于还没有大梦想的孩子,家长可以先鼓励他们设定一些小目标,比如每天读几页书、每周学唱一首新歌等。当孩子完成这些小目标时,家长要及时给予表扬和奖励,让他们感受到成功的喜悦，这样他们就会更有信心地设定和实现更大的目标。

4. 帮助孩子规划未来。家长可以和孩子一起讨论未来，让他们了解不同的职业和生活方式。可以通过角色扮演、职业体验等活动，让孩子亲身体验不同的职业角色，增加对未来的了解和认知。

夸宝慧语

当孩子树立了理想和目标后，父母可以这样表扬他们。

1. 直接赞美。家长可以直接告诉孩子，他们的梦想和目标是非常宝贵和有意义的，比如："宝贝，你的梦想真的很棒，它会让你的生活变得更加丰富多彩。"让孩子感受到自己所追求的东西的价值。

2. 记录成长瞬间。家长可以用照片、日记等方式记录孩子为实现梦想而努力的每一个瞬间，定期和孩子一起回顾这些珍贵的记忆，让他们看到自己的成长和进步。

3. 树立榜样。家长可以用优秀的榜样来激励孩子，让他们看到自己的进步和成长，比如："你就像那些成功的人一样，有着清晰的目标，并且为之努力，真的很棒！"。

4. 制作成就纪念卡。家长可以为孩子制作一张特别的卡片，记录下他们的梦想、已经取得的进步和父母的赞美之词。然后把这张卡片放在显眼的地方，让孩子随时都能看到，从中感受到鼓励和激励。

第三篇 积极不怕难：好心态是夸出来的

错误示例

1. 你这次考试没考好，但看起来你还挺开心的，心态不错嘛，希望你不要这么不在乎成绩。

点评：夸奖孩子的好心态后否定其态度，暗示不应对失败持乐观态度，这会让孩子感到困惑，不确定自己是否应该保持积极心态，从而可能抑制积极情绪的发展。

2. 你面对失败时这么坦然，真是让人意外，看来我之前的担心是多余的，不过你得记住，一直这么乐观可不行，有时候得严肃点儿。

点评：先夸奖孩子的乐观心态，随后又指出这种态度不可取，会让孩子感到自己的好心态不被认可，甚至产生自我怀疑，影响自信心的建立。

3. 你总是能笑对困难，真是个乐观的孩子，但记住，乐观不代表可以逃避问题，以后遇到难题还是得勇敢面对。

点评：虽然强调了乐观的重要性，但紧接着将乐观与逃避问题相联系，可能让孩子误解乐观的真正含义，认为乐观就是忽视问题，而非积极面对和解决，这不利于培养孩子解决问题的能力和坚韧不拔的精神。

一、乐观面对变化：夸孩子适应力强

1. 换了教室还能保持专注，你的适应能力太棒了!

2. 看到你在新学校主动交朋友的样子，爸爸真为你骄傲。

3. 宝贝，才转学三天你就能记住所有同学的名字，你的适应能力真强!

4. 你在计划取消后马上就能想到替代方案，太有应变智慧了!

5. 妈妈以为临时换酒店会让你不开心，你不但没有不高兴，还能迅速在新酒店发现新乐趣，你真是"适应力小达人"。

6. 面对比赛规则临时改变，你调整策略的样子特别专业。

7. 我们在户外活动时突遇大雨，你哼着歌撑伞的样子真可爱。

8. 你能把刚学的数学方法马上用在生活里，妈妈给你点赞!

9. 到新网球场地打球后，你能用最快的速度适应新场地，认真练习的样子真酷!

10. 去新科技馆参观时，你兴奋地探索新展品，收获满满。

11. 你能把绘本里的办法用来解决现实问题，这就是智慧。

12. 孩子，你在遇到意外情况时不慌张、努力寻找解决办法的样子让妈妈着迷。

13. 你在计划被打乱时还能保持微笑，这就是强者心态。

14. 你和新组员配合得就像老朋友，社交适应力超强。

15. 你在发现原计划不可行时能够及时改变方向，真是明智的选择。

16. 你在加入新戏剧表演社团后，面对陌生的表演形式，你乐观地学习，很快适应，真了不起！

17. 孩子，你第一次参加英语演讲比赛，面对陌生的流程，你积极乐观地准备，轻松适应，在比赛中的表现太精彩啦！

18. 升入高年级后，面对复杂的知识，你积极调整学习方法，最终在期末考试中取得了理想的成绩。

19. 第一次参加夏令营就能整理好自己的行李，你真是个独立生活小能手！

20. 虽然有点儿紧张，但你挺直背走进新教室的样子特别勇敢！

21. 这么快就记住新老师和新同学的名字，你的适应能

力总能给我带来惊喜。

22. 虽然结果不如意，但你尝试新方法的勇气比成功更珍贵。

23. 在面对强大对手时依然全力以赴的乐观心态让你成为生活的强者。

24. 把枯燥的任务变成有趣的游戏，你的巧思展现了你的创造力。

25. 面对困难不退缩、把难题拆解成小步骤的智慧，是你通向成功的金钥匙。

26. 虽然害怕，但你还是勇敢地举手竞选班长，这份突破比当选更珍贵。

27. 家里来了新宠物，你快速适应了多一个小伙伴的生活，真是太厉害了。

28. 班级换了新老师，你很快就和新老师建立了良好关系，适应力真强。

29. 在参加舞蹈比赛时，你能轻松适应新的舞台环境，适应力太出色了。

二、懂得坚持：夸孩子锲而不舍，有耐性

1. 宝贝，这次挑战这么难，你却始终没有放弃，一直在努力，你的坚持太让我佩服啦！

2. 孩子，你一直坚持耐心地收拾房间的每一个角落，你

第三篇 积极不怕难：好心态是夸出来的

的坚持和好习惯会让你的生活变得更加美好。

3. 为了完成这幅绘画作品，你投入了大量的时间和精力，一直在不断地完善细节，你的坚持和专注让作品更加完美。

4. 篮球训练很枯燥，你却能一直保持热情，认真对待每一次训练，你的坚持和热爱会让你在篮球场上发光发热。

5. 爬山很考验耐力，你一直坚持到最后，你的毅力和坚持让你征服了高山，也战胜了自己。

6. 搭积木需要有足够的耐心和细心，你每次都能专注地搭建，创造出各种奇妙的造型，你的坚持和想象力让人惊叹。

7. 背诵英语单词和课文需要很大的毅力，你每天都认真背诵，不断巩固，你的坚持会让你的英语水平大大提高。

8. 孩子，为了画好一幅画儿，你反复观察、反复练习，从构图到上色，每个细节都不放过，你的坚持和专注让画作更加生动。

9. 为了给家人做一顿美味的饭菜，你花了一整天时间准备，从洗菜到炒菜，每个步骤都认真对待，你的坚持和用心让饭菜格外香，让我们的心格外暖。

10. 跳绳练习很单调，你却能坚持每天练习，从只能跳几个到现在能跳很多，你的努力和坚持有了明显的回报。

11. 爬山的时候很累，你却一直坚持往上爬，最后成功登顶，你的毅力和耐力让你看到了最美的风景。

12. 为了参加演讲比赛,你每天都认真练习、纠正发音、调整表情,你的坚持和努力一定会让你大放异彩。

13. 虽然积木城堡倒了七次,但你在第八次成功时的笑容特别闪亮。

14. 爸爸的手机里存着你每天练琴的视频,它们连起来就是你的成长纪录片。

15. 你说"再试最后一次"时的眼神儿比太阳还要耀眼。

16. 你风雨无阻坚持晨读的样子,像极了准备展翅的小鹰。

17. 孩子,你一直坚持每天学习三个生字,现在的你都能给奶奶读报纸了,你让我们感受到了坚持的力量。

18. 虽然风筝迟迟没飞起,但你调整风筝线的样子特别迷人。

19. 孩子,你一直坚持给山区的小朋友寄信,每个字都是一粒爱的种子。

20. 宝贝,练习书法是一个长期的过程,你能持之以恒地练习,不断提升自己的书写水平,你的耐心和坚持会让你受益终身。

21. 你的手账本里365天不重样的记录,让时光有了温度。

22. 整理书架是个细致的工作,你耐心地分类、摆放,让书架变得整齐有序,你的认真和坚持很棒。

23. 跑步训练很辛苦,你却能每天早起去跑步,不断挑战自己的极限,你的坚持和努力让你越来越健康强壮。

24. 宝贝，学舞蹈的过程中有很多高难度动作，你不怕吃苦，一遍又一遍地练习，你的坚持会让你成为优秀的舞者。

25. 孩子，在这次长跑比赛中，虽然你一直落在后面，但你始终都没有停下脚步，你的耐力和坚持让妈妈感动！

26. 为了记住那些历史事件，你一遍又一遍地读，一遍又一遍地背诵，这份锲而不舍会让你在学习上越来越出色。

27. 在做科学实验的过程中，你不断尝试新的方法，你的坚持和探索精神会让你在科学的道路上收获更多。

28. 孩子，你每天帮同学补习的身影是校园里最暖心的风景。

29. 你默默整理教室的身影让责任感变得具体可见。

30. 妈妈最喜欢看你专注观察蚂蚁搬家的样子。

31. 孩子，你每天主动坚持叠被子的小手正在塑造未来的精彩人生。

三、发掘兴趣特长：夸孩子有闪光点，是爸爸妈妈的骄傲

1. 宝贝，你总是能发现生活中的那些小美好，这独特的眼光就是你的闪光点，你是爸爸妈妈的骄傲！

2. 你的善良如同阳光般温暖，每一次帮助他人的举动都让爸爸妈妈为你自豪，你就是我们心中最闪亮的星。

3. 孩子，你对待学习认真专注的态度十分难得，爸爸妈

妈因你而骄傲。

4. 你的乐观积极感染着身边的每个人,这是你最棒的闪光点,我们以你为傲。

5. 面对困难从不退缩的坚韧是你最吸引人的闪光点,爸爸妈妈都为你骄傲不已。

6. 宝贝,你在数学竞赛中展现出的冷静和智慧让妈妈无比自豪。

7. 孩子,你在诗歌创作中展现出的才情和想象力是你的独特闪光点,爸爸妈妈为你感到骄傲。

8. 宝贝,你在美食制作中展现出的创意和用心让人眼前一亮。

9. 孩子,你在地理探索中展现出的对世界的好奇心和观察力让妈妈十分敬佩。

10. 你在戏剧表演中展现出的表现力和感染力让你成为闪闪发光的人。

11. 你在乐器演奏中展现出的情感表达和技巧让妈妈感受到了艺术的魅力。

12. 孩子,你在天文观测中展现出的对浩瀚宇宙的热爱和探索精神让你像星星般闪亮。

13. 你在捏橡皮泥时的专注模样好像是在创造一个新世界。

14. 在你自己用心编排的舞蹈动作里,藏着你天生的节奏感。

15. 你为校园戏剧设计的海报让整个故事跃然纸上。

16. 孩子,你把废旧纸箱变成太空舱的过程就像在施展艺术魔法。

17. 宝贝,你随意哼唱的自创歌曲比百灵鸟的叫声还动听。

18. 你在班会上发言时的从容气场展示了你的领袖风范。

19. 孩子,你在面对质疑时依然能够保持创新的勇气,改变世界需要这样的倔强。

20. 你在雨天静静听雨声时的专注,让妈妈感受到你的内心有片宁静的海洋。

21. 你在生物观察日记里画的插画让科学充满诗意。

22. 孩子,你用历史事件分析时政的视角体现了超越年龄的深刻。

23. 你在数学课上提出的新解法闪烁着思维的火花。

24. 错题本里的工整批注是你成为学霸的秘诀。

25. 你把古诗改编成漫画的创意让文学跳出课本,变得生动有趣。

26. 孩子,你在预习笔记上画的思维导图就像构建知识宇宙的生动图纸。

27. 你主动查阅资料解疑的模样闪耀着学者光芒。

28. 你为英语话剧设计的道具让语言变得立体生动。

29. 孩子，你给流浪猫搭建的小屋让善良有了具体形状。

30. 你在长跑最后冲刺阶段的坚持让你闪耀着比冠军还璀璨的光芒。

31. 孩子，你在下围棋落子时的沉思里藏着战略家的智慧。

32. 你在戏剧表演时的专注和投入让整个舞台都属于你。

33. 你用吸管搭建的桥梁承载着未来工程师的梦想。

34. 孩子，你给玩具车设计的太阳能板让科技有了温度。

35. 你在显微镜下的新发现正在改写你的认知地图。

36. 你在规划全家旅行路线时的严谨比导游都专业。

37. 你今天主动查询了"为什么星星会眨眼"，这种打破砂锅问到底的劲头太珍贵了！

38. 孩子，你那天马行空的想象力让平凡的日子变成童话！

39. 宝贝，你的幽默感让全家每天都有笑声，这是最珍贵的家庭宝藏！

40. 亲爱的孩子，你记住了全家人的生日，这份用心比任何礼物都珍贵！

41. 耐心教爷爷用手机的你像春天的溪水般温柔。

42. 你飞速把摔倒的同学扶到医务室的样子，让妈妈感觉善良在奔跑。

43. 你用自己的零花钱给爸爸买生日礼物，懂得感恩的孩子最富有！

四、热情有活力：夸孩子热爱生活，活力满满

1. 你眼里的好奇是妈妈见过最亮的星光。

2. 宝贝，你的每一次尝试都是写给世界的情书。

3. 孩子，你跌倒时的笑声比胜利的欢呼更有力量。

4. 你对一片落叶的凝视里藏着哲学家的思考。

5. 从你奔跑的背影中，妈妈仿佛看见了整个春天。

6. 亲爱的宝贝，你积极地组织家庭读书会，文化传承者的身份实至名归！

7. 你追着蒲公英种子奔跑的样子，像在和风精灵跳圆舞曲！

8. 你蹲在路边给蜗牛加油的身影是春天最动人的风景！

9. 宝贝，那个夜晚，你给每颗星星都取了名字，你的眼里装着整个银河系！

10. 看着黄昏的太阳，你说那是"太阳在煎荷包蛋"，你的想象力和对生活的爱赋予这个黄昏特殊的意义。

11. 孩子，你对世界的温柔和热爱正在悄悄改变周围的一切！

12. 你的生命力像春天的竹笋，每天都在拔节生长！

13. 孩子，你让我和妈妈重新学会了用孩子的眼睛看世界，这份礼物无价！

14. 你给早餐煎蛋画的笑脸让整个早晨都闪闪发光！

15. 你安慰摔倒的小妹妹时的温暖和细心胜过千言万语!

16. 今天妈妈听见你边刷牙边哼新歌了,浴室都变成个人演唱会现场啦!

17. 你追蝴蝶的背影让妈妈相信你能追到所有的梦想!

18. 我的孩子,你在公园捡垃圾的背影比任何雕塑都美丽!

19. 你给流浪猫搭的防雨棚比五星级酒店还温暖呢!

20. 你的好奇心像宇宙一样广阔,你每天都在解锁新的星球!

21. 你专注做事的样子让时间都忍不住放慢脚步!

22. 宝贝,你对生活的热爱让每个平凡的日子都闪着光,你是我们家的活力发电机!

23. 你发现树洞时兴奋的尖叫是小小探险家最珍贵的勋章!

24. 孩子,你把云朵说成棉花糖工厂的比喻,让诗人都自愧不如!

25. 你把摔碎的陶器改成花盆,真是化腐朽为神奇!

26. 宝贝,你用野草编的"钻石戒指"比真钻更璀璨!

27. 你把水果切成星星形状的创意让米其林大厨都为之惊叹!